27
Lm
93726

ALLOCUTION

PRONONCÉE A LA

CÉRÉMONIE DU MARIAGE

DE

Monsieur Jean-Ludovic BERNARD

Capitaine de navire au long cours,

AVEC

Mademoiselle Françoise-Isabelle BOYER

EN LA CHAPELLE DE MEZEAUX (PAROISSE DE LIGUGÉ)

Le Mardi 16 Juillet 1867

PAR

M. l'abbé Eugène BOYER

———⬥———

POITIERS

IMPRIMERIE DE A. DUPRÉ,

RUE DE LA MAIRIE, 10.

—

1867.

ALLOCUTION

De M. l'abbé Eugène BOYER [1]

PRONONCÉE

EN LA CHAPELLE DE MEZEAUX

A LA CÉRÉMONIE DU MARIAGE

De Monsieur Jean-Ludovic BERNARD

Et de Mademoiselle Françoise-Isabelle BOYER.

Le Mardi 16 Juillet 1867.

MES CHERS AMIS,

Il y a dix ans, à peu près à pareille époque, je consacrais une union qui m'était bien chère, et c'était la première fois que j'administrais le sacrement de mariage, car je n'avais reçu que depuis peu de jours le caractère sacré du sacerdoce. Les années ont passé, pleines d'épreuves et de vicissitudes, et je ne m'en étonne pas et je ne m'en plains pas ; car « nos jours ici-bas, dit l'auteur de l'Imitation, sont en petit nombre et mauvais, pleins de misères et de traverses ; » mais « pour un moment de tribulation, ajoute le grand Apôtre, un poids éternel de gloire nous est réservé dans les cieux. » Donc, après six années de pénible ministère, je me vis condamné à la retraite et à l'inaction, et depuis plus de quatre ans je subis cette

[1] Cousin germain de Mademoiselle Isabelle Boyer.

épreuve ; et voilà qu'aujourd'hui je viens, pour la première fois, accomplir un acte public et solennel de mon saint ministère dans cette petite chapelle , témoin de nos réunions et de nos fêtes de famille, asile sacré dont nous aimions tant le calme et le silence , où nous goûtions le recueillement et la paix, où si souvent nous avons épanché nos âmes et versé le trop-plein de nos cœurs aux pieds de ce Dieu d'amour qui daignait y résider pour nous; et cet acte que je viens accomplir est encore une bénédiction nuptiale qui, après celle de ma propre sœur, ne saurait m'être plus chère. Plaise à Dieu que ce soit un nouveau point de départ dans l'exercice de mes fonctions saintes !

Mais ce n'est pas pour vous parler de moi que j'ai répondu à votre appel , et je ne veux pas oublier que je suis ici pour vous instruire de ce que vous allez faire, pour vous retracer vos devoirs, pour vous bénir et vous offrir mes vœux.

Tout ce qui tient à l'essence de notre sainte religion est d'institution divine et remonte à l'origine du monde. C'est ainsi que le mariage a été institué par Dieu même pour établir et consacrer l'union du premier homme et de la première femme. « Il n'est pas bon , avait dit le Seigneur, que l'homme soit seul ; faisons-lui donc un aide semblable à lui ; » et il envoya le sommeil à Adam, et, pendant qu'il dormait, il lui enleva une côte et en forma la femme , et il les bénit et leur dit : « Croissez et multipliez-vous ; » et le mariage fut institué, et, en vertu de cette parole féconde , l'homme et la femme devinrent participants de la paternité divine. Ils furent unis ensemble d'une union tellement étroite , qu'ils devinrent deux dans une même chair : *Et erunt duo in carne unâ ;* tellement sacrée que défense fut faite à qui que ce fût de la rompre : *Quod autem Deus conjunxit, homo non separet*. Ils furent unis pour la conservation de l'espèce humaine et la multiplication des enfants de Dieu, pour s'aimer l'un et l'autre et pour se prêter un mutuel secours.

Mais, remarquez-le bien, c'est surtout en faveur de l'homme que cette union eut lieu, afin qu'il eût une compagne qui, par les charmes de sa personne et les qualités de son cœur, embellît sa vie, le consolât dans ses épreuves, relevât son courage et l'affermît dans le bien, tandis qu'en retour il protégerait sa faiblesse et l'entourerait de respect et d'amour : d'amour, car elle est l'*os de ses os et la chair de sa chair ;* de respect, car elle lui est égale et par l'unité d'origine, et par l'identité de nature, et par la communauté de dons, de vie et de destinée. — « Dieu, dit saint Thomas, n'a pas tiré la femme de la tête de l'homme, afin qu'il ne vînt pas à la femme la pensée de dominer l'homme ; il ne l'a pas tirée de ses pieds, afin que l'homme ne fût pas tenté, à son tour, de la mépriser comme sa servante et son esclave ; mais il l'a tirée de son côté, et en quelque sorte de son cœur, afin que l'homme la regardât et la respectât comme sa compagne, son aide et son égale. » *Adjutorium simile sibi.* Union d'autant plus sainte et sacrée, qu'elle était le symbole de l'union de Jésus-Christ avec son Église ; car, de même que la première femme fut tirée du côté d'Adam endormi sous l'arbre de la science du bien et du mal, ainsi l'Église, avec les sacrements et tout ce qui la constitue, jaillit du cœur de Jésus-Christ endormi du sommeil de la mort sur l'arbre de la Croix. Élevée enfin, sous la Loi nouvelle, à la dignité de sacrement des vivants, cette union de l'homme et de la femme n'en trouve que mieux son type et son modèle dans l'union de Jésus-Christ avec son Église. C'est pourquoi l'apôtre saint Paul s'écrie que *ce sacrement est grand;* c'est pourquoi il dit aux maris : « Aimez vos épouses comme Jésus-Christ a aimé son Église et s'est livré pour elle. »

Vous savez et vous comprenez ces choses; ah! laissez-moi m'en réjouir. Il en est si peu qui les comprennent et qui voient dans le mariage non-seulement un contrat naturel, une association légale, fondée sur certaines raisons de convenances et en vue d'intérêts purement matériels, mais un sacrement divin, établi afin de sanctifier l'union des corps et de cimenter l'union plus précieuse des âmes, afin de donner aux époux, avec les sentiments qui doivent les animer, les grâces dont ils ont besoin pour accomplir leur importante mission et pour supporter les peines, les difficultés, les épreuves de tout genre qui y sont attachées! Car, ô sacerdoce de la famille! si vous avez des douceurs et des consolations, vous avez aussi vos amertumes, vos douleurs, vos cruels sacrifices !

Oui, mes chers amis, le but principal du mariage étant de donner le jour à des enfants, de les élever dans l'amour et la crainte de Dieu, de former en eux des citoyens honnêtes pour la patrie, des chrétiens fidèles et dévoués pour l'Église, des élus pour le ciel; de s'aimer, de s'édifier et de s'entr'aider l'un et l'autre, je dis que tout cela constitue un véritable sacerdoce. Or, tout sacerdoce exige un sacrifice, et tout sacrifice demande une victime. Sachez-le donc, mes chers amis, pour remplir saintement la mission qui va vous être imposée, vous aurez des sacrifices à faire, et bien souvent vous serez vous-mêmes la victime : vous vous immolerez l'un à l'autre en supportant mutuellement

vos défauts, en renonçant à vos goûts, à votre juge-
ment, à votre volonté particulière pour ne plus faire
qu'un en toute chose; en vous excitant à la vertu par
la parole et surtout par l'exemple. Vous vous immolerez à vos enfants par toute sorte de douleurs, d'abné-
gations, de travaux, de soins et de sollicitudes; heureux
s'ils ne sont pas eux-mêmes la victime choisie que
vous devrez immoler; heureux si Dieu ne demande pas
à votre amour ce suprême sacrifice !

Mais, quelles que soient vos épreuves, ô ma sœur !
quelles que soient les difficultés de votre position,
quelles que soient les épines qui se mêlent à ces fleurs,
parmi lesquelles je n'en vois pas encore, oh ! alors,
vous dirai-je, comme disait le Seigneur aux enfants
d'Israël, alors surtout « souvenez-vous de la pierre
dont vous êtes sortie et de la carrière profonde dont
vous avez été tirée. Jetez les yeux sur Abraham, votre
père, et sur Sara qui vous a engendrée. » Cette pierre
et cette carrière profonde, c'est l'Église qui vous a
donné une nouvelle naissance par le sacrement de
baptême, et qui n'a cessé de vous prodiguer les secours,
les consolations, les encouragements dont vous eûtes
besoin. Souvenez-vous de cette Mère spirituelle, et
n'oubliez jamais les promesses que vous lui fîtes quand
elle vous adopta pour enfant; elle sera toujours là pour
vous consoler, vous fortifier et vous bénir. — Jetez les
yeux sur Abraham, votre père, et sur Sara qui vous a
engendrée. Oui, souvenez-vous des auteurs de vos
jours; vous savez comment ils ont exercé leur glorieux
et pénible sacerdoce. Ils vous lèguent pour héritage
fondamental l'honneur, la probité, l'esprit de foi et de
sacrifice, l'exemple d'une vie laborieuse et chrétienne.
Marchez donc sur leurs traces, ayez-les toujours devant

les yeux comme un modèle et un encouragement. Puissance bénie des traditions sacrées de la famille, que vous êtes grande et que vous êtes rare !

Ce que je dis là, Monsieur, s'adresse également à vous. Non, je ne saurais séparer dans mon esprit ni dans mon cœur ceux dont je vais tout à l'heure consacrer l'indissoluble union. Vous appartenez, vous aussi, Monsieur, à une famille chrétienne ; la religion vous a reçu à votre entrée dans la vie, elle vous a bercé sur ses genoux, elle vous a nourri du lait de sa céleste doctrine. Je me plais à évoquer ces précieux souvenirs, parce que, joints à la droiture d'esprit, à la bonté de cœur, aux vertus et aux qualités morales qui vous distinguent, ils sont pour moi une des meilleures garanties de votre bonheur à venir.

Pendant le cours d'une navigation longue et périlleuse, Dieu n'a cessé de veiller sur vous ; il vous a préservé des écueils, il vous a sauvé des tempêtes, et Marie, l'étoile de la mer, guidant à travers l'océan votre marche incertaine, vous a conduit heureusement au port. Et mettant aujourd'hui le comble à leurs bienfaits, ils vous donnent une de leurs enfants privilégiées pour être la compagne, la gloire et la couronne de votre vie.

C'est ainsi que l'ange du Seigneur accompagna le jeune Tobie dans un long voyage, qu'il le délivra d'un monstre marin prêt à le dévorer, qu'il lui obtint une épouse vertueuse, et qu'il le ramena sain et sauf dans la maison de son père. Et lorsque l'heureux voyageur, plein de reconnaissance, voulut récompenser son guide, celui-ci lui répondit : « Bénissez le Dieu du ciel, et rendez-lui gloire devant tous les hommes, parce qu'il a fait éclater sur vous sa miséricorde. » Vous avez reçu de Dieu les mêmes bienfaits que le jeune Tobie ; comme lui, bénissez le Seigneur et rendez-lui gloire, et que votre reconnaissance se traduise surtout par une ferveur et une fidélité nouvelle dans son service.

Vous êtes au port, et vous n'irez plus affronter, nous l'espérons, les périls d'une navigation lointaine ; mais n'oubliez pas que la vie est semblable à une mer vaste et profonde, à une mer semée d'écueils et fréquente en tempêtes, et que, pour arriver au port du salut, au port de l'éternel repos et de la paix parfaite, il nous faut savoir orienter et diriger notre navire ; il faut que la foi soit notre boussole, l'espérance notre ancre, la charité notre pavillon, l'Église notre gouvernail, l'Esprit-Saint le vent qui gonfle nos voiles, et la Vierge Marie le phare qui nous protége et nous éclaire.

J'ai l'espoir, ô mon Dieu ! oui, j'ai l'espoir que cette union sera heureuse et féconde, et cet espoir et cette confiance redoublent quand je vois le sacrement qui en est le principe et le gage, reçu avec les saintes dispositions qu'il exige ; quand je vois un père, une mère, des parents, des amis unissant leurs prières à celles de l'Église en faveur des nouveaux époux. — Et si, franchissant cette pieuse et modeste enceinte, mes regards vont pénétrer dans un de ces religieux asiles où résident les épouses du Seigneur, j'en aperçois deux d'entre elles qui nous sont particulièrement chères [1], et je sais pour qui, en ce moment, elles renouvèlent leur sacrifice et redoublent leurs ferventes prières. Ici, dans ces lieux mêmes, à une époque qui s'éloigne mais dont le souvenir ne s'effacera jamais, lorsque la

---

[1] Les sœurs de Mademoiselle Boyer, religieuses dans la Congrégation des Filles de la Sagesse.

petite cloche annonçait, le matin, le divin service, lorsque le dernier crépuscule nous invitait au chapelet et à la prière du soir, n'étaient-elles pas les premières à se rendre à l'appel? Comment donc, en ce moment, nous feraient-elles défaut? Auraient-elles oublié et ce jour et cette heure? Oh! non, mille fois non! et si leur corps est absent, leur esprit et leur cœur sont ici. Je les vois, ô ma sœur! je les vois ces deux cœurs se rapprocher du vôtre pour y verser les grâces et les faveurs célestes dont ils sont enrichis.

C'est à moi maintenant de condenser, au nom de l'Église, toutes ces bénédictions et toutes ces prières, d'y ajouter celles qui débordent de mon propre cœur, et de les présenter à Dieu, *de qui découle tout don parfait,* afin qu'il vous comble lui-même de ses grâces les plus précieuses et les plus abondantes.

Bénissez donc, ô mon Dieu! bénissez ces jeunes chrétiens qui vous prennent à témoin de leurs engagements sacrés ; qui, en se jurant l'un à l'autre amour et fidélité, s'engagent en même temps à vous aimer et à vous servir; bénissez leurs résolutions, bénissez leurs pieux désirs. Faites que l'épouse soit la joie de son mari et son trésor le plus précieux ; que l'époux soit le soutien et le protecteur de son épouse, qu'il soit son émule dans le sentier de la vertu; faites qu'ils vivent ensemble dans l'union la plus étroite et la plus douce; qu'ils soient la gloire et la consolation de ceux qui leur ont donné le jour; qu'ils les entourent de leur vénération, de leur amour, du culte des souvenirs et de la reconnaissance, afin qu'à leur tour ils soient bénis dans leur postérité, qu'ils voient leurs enfants se presser comme de jeunes oliviers à la table de famille, et les enfants de leurs enfants germer, comme des fleurs nouvelles, à cet arbre divin dont nous sommes les branches, et qui chaque jour fructifie pour le Ciel.

Aussitôt après la messe de mariage.

Un mot seulement, mes bien chers Frères : laissez-moi formuler encore un vœu. Nous venons de célébrer une union particulière; elle sera heureuse et bénie ! célébrons maintenant une union générale. L'heure de la séparation sonnera bientôt; c'est une conséquence de notre exil ici-bas : on se rencontre, on s'arrête un instant, comme des voyageurs en marche vers la patrie, et l'on se dit adieu. Unissons donc nos cœurs; formons-en comme la couronne de nos réunions de famille dans cette charmante vallée, dans cette petite chapelle, et offrons cette couronne à Notre-Seigneur Jésus-Christ. Quelque route que nous prenions, quelque éloignés que nous soyons les uns des autres, qu'il soit toujours le centre qui nous attire et le lien qui nous rallie. Que cette vivante couronne, en s'effeuillant, retombe sur son divin cœur pour se transformer en couronne immortelle, pour qu'un jour nous nous retrouvions tous dans la demeure de notre Père céleste; que pas un de ceux qui sont ici ne manque à l'appel, et que nous puissions chanter éternellement ce cantique dont l'application ne sera parfaite que là : *Ecce quam bonum et quam jucundum habitare fratres in unum;* Frères, voyez comme il est doux, comme il est délicieux d'habiter ensemble dans une étroite union !

Et maintenant, mes bien chers Frères, que la bénédiction du Dieu tout-puissant, qui est descendue tout à l'heure, dans toute sa plénitude, sur ces nouveaux époux, que cette bénédiction qui est un gage de paix, de miséricorde et de salut, descende encore sur eux ; qu'elle se répande sur vous tous et qu'elle demeure à jamais, au nom du Père, et du Fils et du Saint-Esprit. Ainsi soit-il.

16 juillet 1867.

Fête de Notre-Dame du mont Carmel.

Poitiers — Typ. de A. Dupré

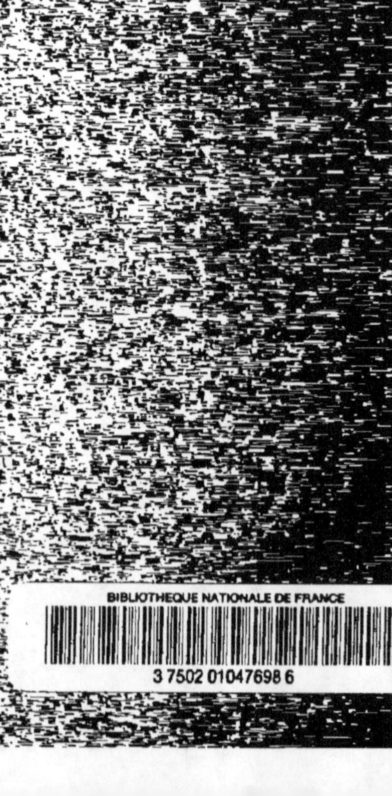

www.ingramcontent.com/pod-product-compliance
Lightning Source LLC
Chambersburg PA
CBHW060052090726
47597CB00012B/3693